나의 태몽은 나무랄 데가 없으니까요

이돈형 시집

나의 태몽은 나무랄 데가 없으니까요

지혜

시인의 말

나는 비 개인 날의 고아다

차례

시인의 말 ———————————————— 5

1부

내 이마가 ———————————————— 12
신산고모 ———————————————— 14
쳇기 ——————————————————— 15

　어느 여름날 계곡에 돗자리 펴놓고 늘어지게 자고 일어난 낮잠처럼 간밤의 잠이 그랬으면 하는 바램을 갖는 것은 너에게 쏟아진 폭염의 파편들을 내가 주워 담고 싶었기 때문이다　　　　　　　　　　16

비빔국수 ———————————————— 18
나의 태몽은 나무랄 데가 없으니까요 ——— 20
참숭어 ————————————————— 22
인사 ——————————————————— 23

　혼자 놀아 미안한데 그래도 오늘은 내가 기억해 주길 바라는 한 사람을 그리워해야 하니까 이해 요망　24

공복 ——————————————————— 26
삼탄역 ————————————————— 28
환기 ——————————————————— 30

2부

저수지에 나타날 가까운 미래, 혹은 이미 흘러갔어야 할 과거의 한 장면처럼 ——— 32

새끼손가락 ——— 34

가을은 당부가 비어있는 곳을 찾아 군데군데 사람을 흘리고 나는 지상의 한 귀퉁이에서 여기가 쓸쓸함의 천국이라고 박수를 쳐대며 오늘의 내가 어제의 나를 쓸어버리는데 ——— 36

𝄞 ——— 38

MRI ——— 40

바람이 불어서 흔들린 것이 아니라 너를 보내고 돌아와 ——— 42

꿀통 ——— 44

봄꽃 ——— 46

최선의 방법 ——— 48

민생회복 소비쿠폰 ——— 49

구정 ——— 50

3부

3인실 — 52

옳다 — 54

네가 고속도로를 달리며 듣는 음악을 내가 뭐라 할 순 없지만 오늘같이 졸음이 쏟아지는 고속도로에서 잠시 볼륨을 줄이고 내가 읽어주는 이 한 편의 시를 듣게 된다면 너는 가속페달을 밟고 나에게 급하게 달려올지 아니면 쉼터로 들어가 창문을 열고 잠시 숨을 몰아쉬며 금방 들었던 이 시를 다시 읽어달라고 조를지 모르겠지만 지금 내가 너의 운전을 방해하면서까지 이 한 편의 시를 읽어주는 것은 이 시가 가여워지지 않았으면 해서야 그러니 네가 만약 쉼터로 먼저 들어선다면 전화해 — 56

눈 딱 감고 — 57

不 — 58

찢겨지지 않는 이성이라는 붕대를 감고도 헛김 빠짐처럼 자꾸 새나가는 기분 때문에 괜찮다는 말로 나를 두들겨 패보지만 죽은 피 같은 기분 앞에서 맥없이 쏟아질 다짐보다 땡볕에 축 늘어진 감자 잎처럼 늘어질 줄 알아 — 60

이 세계에 발을 들여놓고 영원을 새끼 치는 동물인 양 영원히 뿜어져 나오는 울음을 가진 동물인 양 다 내게로 오라, 내게로 오라 너희의 울음까지 모두 울어줄 테니 다 내게로 오라, 두 팔 벌리고 막 태어난 神의 새카만 새끼 흉내를 내다 일어서는 내 멸망의 그림자에 밟힌 순간부터 — 62

내가 마신 것은 술이다 — 63

미지근 — 64

퀭 — 65

4부

내게 강 같은 슬픔 ——— 68
옛날에 말이야 ——— 69
절 ——— 70
  기다림이란 말 위로 몇 개의 계절이 바뀌는 동안 바람이 불어 한 글자 한 글자 흩어지다가 어느 날 그 흩어진 단어들을 그러모았을 때 거기엔 네가 없었다 ——— 72
허세 ——— 73
변변 ——— 74
믹스커피 ——— 75
일없다 ——— 76
11월 ——— 78
설사 ——— 80
손잡이 ——— 82

5부

소두공양燒頭供養 84

  오늘 점심엔 내가 가진 시간의 한 귀퉁이를 뚝 떼어 그 사람의 시간 속에 툭 던지며 고시레를 외쳐볼 참이다 86

폭망 88

  마음 하나 붙잡고 죽어라 흔들어대다가 차라리 죽어버려라 죽어버려라 패대기치는 90

싹 92

식은땀 93

살 94

철 95

셋 96

이돈형 98

해설 | 이형권
내 안의 나, 혹은 진실을 찾아가는 고독한 여정 101

1부

- **일러두기**
  페이지의 첫줄이 연과 연 사이의 띄어쓰기 줄에 해당할 경우 >로 표시합니다.

내 이마가

바닥 돌을 잠깐씩 깨우는 계곡 물소리가 저리 맑아 새들이 물소리를 콕콕 찍어 먹는 저녁

매달린 것 많아 찾아가는 山寺

할 일 없는 神이 던져놓은 것 같은 이 저녁에 계곡의 자잘한 돌탑들은 쌓아올린 자의 고단을 적느라 물속에서 잠깐잠깐 흔들리고

종일 물속에서 첨벙첨벙 놀던 저 파란 하늘의 이마엔
쏟아진 소망들

山寺가 가까워질수록 말없던 것들이 하나둘 저녁을 거둬들이느라 휘이이~ 분주함만 들리는

사람 발길 없는
바람 발길 없는

저녁 山寺에는 다녀간 자들의 고단이 대웅전 목탁을 문지르고 문질러 神의 고단도 반질반질해지는 저녁

\>

부처의 시선이 아래로 향해있듯 나무 사이를 뚫고 쏟아지는 햇빛도 떨어지다 걸려 넘어져

내게 닿을 땐 아무 힘없네
그 햇빛을 내 이마가 받네

햇빛의 고단이나 내 고단이나 좀 쉬었다 가자 하네

신산고모

訃告
故 이상진

아무리 봐도 고인의 이름은 낯선데 상주 이름이 사촌이다

할아버지는 4대 독자이시며 유복자셨으니 조상께 누를 끼치지 않으려 아들딸 구별 없이 하냥 낳으셨으니 포도나무에 포도송이 열리듯 줄줄이 낳으셨으니 아들 넷에 딸 일곱을 살리셨으니 할머니의 강철 같은 체력과 할아버지의 투철한 정신이 해마다 의기투합하셨으니 딸 하나를 둔 나에겐 할아버지와 할머니가 위대한 神이셨으니 그 살아남은 11남매도 두 분의 뜨거운 정신을 이어받아 줄줄이 낳으셨으니 경주 이씨 국당공파의 한 줄기가 융성하고 융성하였으나 고모는 산중고모 신산고모 짝가고모 등등으로 불려 故 이상진 부고를 받아들고 이 낯설고 서러운 이름은 누구십니까 어리둥절할 수밖에

돌아가시고 나서야 처음 불러보는 이상진 고모
삼가 명복을 빕니다

쳇기

 속이 속이 아니라고 눈부터 뻐근해지는 날이면 오늘은 그만 쉼이 필요하다고 소파에 누워 뭣이 중헌디, 뭣이 중헌디 팔다리를 늘어뜨리고 나를 만나 허구한 날 가난에 찌든 생의 근육들을 풀어보는데 근육들은 전쟁터에서 막 돌아온 초병의 눈처럼 놀라 있거나 돌멩이로 내리쳐도 찢어질 것 같지 않은 근육들뿐이라 우선은 손톱을 세워 엄지와 검지 사이를 꾹꾹 누르며 쳇기가 속절없이 내려가기를 바라지만 쳇기도 징글맞은 나로 인해 맷집이 생기고 근성이 생겨 서랍을 열고 실과 바늘을 꺼낸다

 끝내는 피를 보고 만다
 검다

어느 여름날 계곡에 돗자리 펴놓고 늘어지게 자고 일어난 낮잠처럼 간밤의 잠이 그랬으면 하는 바램을 갖는 것은 너에게 쏟아진 폭염의 파편들을 내가 주워 담고 싶었기 때문이다

긴 장마 끝에 폭염이 오고

여름은 말 그대로 길고 길어 모든 여름이 긴 더위와 싸울 채비를 하는 동안 너는 여름 한쪽을 메고 떠났다

작고 메말라서

여름의 손아귀에 끌려가다시피 하면서도 훅 불어 끈 여름을 절개하고 여름 세상 밖으로 나와 계곡물에 담근 발이 발가락만 보이는 사진을 보내왔을 때

나는 네 여름을 흥얼거렸다

어떤 이야기 끝에 기지개를 켜거나 가까운 저수지의 산책로를 걷거나 에어컨을 켜고 선풍기를 틀고 책을 펼치다가도 네 여름을……

\>

가끔 내가 데리고 있는 여름에 찬물을 끼얹어 보았지만 시원하지 않았다

여름 밖은 그곳에만 있어 올 봄부터 내가 모아둔 바람이 모두 그곳으로 불길 바랐는데 너의 여름감기에

내가 탄다

어떤 여름도 너에게 빌려줄 수 없게 되었다

비빔국수

비빔국수를 시켜 놓고

끼니때마다 비빔국수를 먹을 수 있다면 행복이겠다 싶다가 나는 왜 이 비빔국수가 좋을까 자문하다가

비빔이라는 말에서
섞임에 백기 든 사람처럼 잠깐 헝클어지다가

갓 나온 비빔국수를 젓가락으로 뒤섞는다 설기 썬 상추와 채 썬 오이 위에 앙증맞게 얹힌 한 알의 메추리알까지

흰 면을 슬몃슬몃 내주고 무서움도 매서움도 아닌 달고 맵고 신맛이 어우러진 양념에 설핏설핏 물드는 면발

면면을 들여다보지 않아도
아낌없어

송골송골 땀방울 꽤나 맺히게 하려는지 얼맵게 뒤섞여지면 젓가락 끝부터 혀에 갖다 대게 된다

살과 살을 비벼도 타들지 못하고 사람에게 맨 마음 비벼

봐도 비벼지지 않을 때가 많아

　비빔국수를 한 젓가락 휘휘 감아 돌리는 동안
　면들이 부러워 죽겠다

나의 태몽은 나무랄 데가 없으니까요

내 태몽은 캄캄한 동굴 속에서 한 송이 어리연꽃을 안은 거라 했습니다

당신은 그렇게 날 낳으시고
당신은 그렇게 날 남기시어

빗방울 떨어지고
두 손 그러모으며 떨어지는 것만 보고 있습니다

반쯤 진 하루가 떨어지고 별안간이 떨어지고 당신은 그리움을 떨어뜨리고 있어 나는 빗방울만 들여다봅니다

어린 날 울다 잠들듯 잠에서 막 깬 빗방울이 잠깐의 꿈을 털어낸 눈으로 나를 바라보고 있습니다

어둠을 입으로 후후 불어내며 당신이 나를 바라보듯

나는 온 그리움을 태워 낸 흰 빛깔로 첨벙첨벙 수면 위를 건너기 시작합니다

눈물겨운 일들은 어떻게든 끝을 보고 만다는 것을 실감하

며 내가 아직 어려서 눈물 떨구어도 당신은 분명 나를 안을 겁니다

　그게 내 태몽이었으니까요
　나의 태몽은 나무랄 데가 없으니까요

참숭어

   시장통 수족관에 참숭어 몇 마리 있다

   그러니까 내가 배를 타고 바다낚시를 다니다가 바다좌대를 타기 시작하면서부터 잡아제낀 것이 언구(큰 숭어)였는데 간혹 용왕의 실수로 참숭어 떼 몰려들어 잡아도 잡아도 참숭어 잡히는 날엔 신선도 유지를 위해 피부터 빼겠다고 목부터 부러뜨렸으니 사죄의 의미로 어느 날 내가 죽거든 곱게 갈아 좌대 낚시터 근처에 뿌려 달라 했는데

   참숭어들이
   저 말간 눈으로 나를 바라보는 눈치가

   아직도?
   아직도?

   갈 곳이 없어졌다

인사

 혼수상태로 두 달 넘게 중환자실에 누워 계신 어머니 얼마나 갑갑할까 싶어 요양병원으로 모시고 와 아침저녁 들여다보니 어머니 좋으신가 혈색이 좋아지시는 거라 이게 웬일인가 싶어 열일 제껴두고 그 옆에 딱 붙어있으니 어머니 좋으시긴 좋으신데 바쁜 자식 불러 제끼는 게 아닌가 싶어 자꾸 사경 속으로 들어가시는 거라 부모 자식 간이 바뀌어 그건 해서는 안 될 일이라고 타이르면 몇 날은 괜찮다가도 다시 그러더니 오늘은 작정하고 저승길로 들어가시는 거라 그 길이 얼마나 깜깜하고 무서울까 싶어 식어가는 어머니 손잡고 캄캄한 초행길이니 앞만 보고 가시다 힘들면 제가 같이 가 드릴 테니 말씀하시라 했더니 말 끝나기도 전에 어머니 숨 뚝 하셨다

혼자 놀아 미안한데 그래도 오늘은 내가 기억해 주길 바라는 한 사람을 그리워해야 하니까 이해 요망

오늘의 날씨는 비

비로 먼 곳을 바라볼 수 없는 나는 한 사람에게로 떨어져 온종일 쏟아지는 것에 대해 어쩔 줄 몰라 하다가

그 사람에게
그 사람이 있는 먼 나라에게
그 먼 나라의 모든 안녕에게 두 손 번쩍 들고

몸 구석구석 퍼진 야윔만 데리고 나왔으니 부디 나무라지 마시길

거제입니다

7월의 거제는 보랏빛 수국이 한창이고 쏟아지는 것들은 여전히 내게서 달아날 기미를 보이지 않습니다

모퉁이를 돌다가 내게 들킨 수국이 당신을 닮아 나도 모르게 아, 하고 탄식했습니다만 수국은 눈 하나 깜짝하지 않

습니다

　혼자 감당할 수 있는 일은 하루가 짧고
　혼자 그리워해야 할 사람은 남은 生으로도 모자라

　걸었습니다 쏟아질 것들이 다 쏟아져 이 비에 쓸려간다 해도 먼 나라의 한 사람이 나를 굽어봐
　보랏빛 애탐이 한창입니다

　왜 하필이란 말에는 꼭 내가 들어 있을까요

공복

배워도 배워지지 않는 게 있다

사람의 일렁임이 광활해질 때 그 광활함에 내가 죽을 수 있겠다 싶어 잘못 배운 놈처럼 일렁임을 죽이려 했으니

사람아

맥박을 타고 놀던 사람아 속속續續에 물들어 슬금슬금 가물거림 속으로 들어가는 사람아 가물가물보다 먼저 산산散散해지는 사람아

소沼를 떠난 물 같은 사람아
한 모금쯤 되는 사람아

여지껏 배웠다고 배웠는데 익히지 못한 내 안의 공복이 울어 제끼니 손쓸 틈 없이 울어 제끼니

사람아

오늘은 자빠진 슬픔을 뒤집어놓고 몸 어딘가를 싸돌아다니는 사람을 끄집어내려 하니

\>
애초에
내가 없었으면 좋았으려니

사람아
여린 나뭇잎이 흔들리는 것은 저 광활한 우주가 있어 흔들리는 게 아니라 바라보는 내가 있어 흔들리는 것이니

흔들리는 사람아

삼탄역

충주에 가면 애기 손만 한 삼탄역이 있다

마음의 바깥이 그리워지는 날 있으면 삼탄역에 가보시라 털레털레 빈손을 흔들며 삼탄역에 가보시라

몰려왔다 몰려가는 것들이 없으니 옆으로 흐르는 물소리를 들어가며 새소리에 옮겨 다니는 나무그림자를 봐가며

가보시라

말 못할 말이 있거든 슬금슬금 흘려가며 망할 것이 있거든 슬금슬금 버려가며 사람의 뒤편이 일거든 그건 슬금슬금 주워가며

도착하면

사람이나 기차는 기다리시지 마시라

역 앞에 놓인 간이의자에 앉아 햇빛에 글이나 써보시라

노란 우체통은 빠른우편이니 천등산 도깨비에게 보낼 글

을 써보시고 빨간 우체통은 느린우편이니 받으면 눈물부터 흘릴 사람에게 써보시라

　무얼 먼저 부쳐야 할지는 그대의 선택이니 나에게 물어보지 마시라

　나는 여기서 도깨비랑 며칠 더 놀다 갈 테니

환기

 이 무서운 불황과 이 무더운 삼복더위에 할 일 없고 갈 곳 없어 엉덩이에 땀띠약 바르고 의자에 앉아 있다가 상가 앞 텃밭에 심은 당근이 껄떡거리는 폭염에 웃자라 잎을 댕강 자르려 가위 들고 나갔는데 지나가던 아주머니가 당근 보는 재미가 쏠쏠하다며 슬금슬금 옆으로 다가오더니 이번에는 내 머리와 얼굴이 현대판으로 생기고 코도 크다며 코밑까지 얼굴을 들이민다 당연한 말씀 같아 당근당근 가위질 멈추고 들어와 화장실 거울에 얼굴을 들이밀었다 현대판 얼굴이었다

2부

저수지에 나타날 가까운 미래, 혹은 이미 흘러갔어야 할 과거의 한 장면처럼

저수지의 둘레길은 온통 바람이 지배하였고 바람처럼 사라졌다 바람처럼 나타난 어느 날의 오후가 있어

걷고 있다
한번은 꼭 뛰었어야 할 심장으로

바람의 나라에 온 우리는 흔들림이 흔들림을 덮쳐 손이 사라지는 건 순식간의 일이라 한때의 손을 간신히 잡고 있다

쥘 수 없는 뜨거움이 한때의 손,
쥐어야했던 캄캄함이 한때의 손,

무엇에 관한 기억이 남아있다면 누를수록 선명해지는 그 기억을 옮겨다 놓고 우기고 싶어진다

비워둔 흔들림과
흔들림의 저뭃을

6월은 물억새와 부들을 구별하기 어려워 너는 물억새 쪽을 나는 부들 쪽을 보며 걸었다 지독한 바람을 지혈하기 위

해 부들이 흔들렸다

  저녁 해가 산 하나를 비껴가려 잠시 숨을 고르고 작은 물고기들이 수면 위를 뛰어올라 은빛들이 반짝이고

  바람 하나가 물결 위에 올라탄 바람의 갈기를 꽉 움켜잡을 때

  하나의 심장으로 뛰었다

새끼손가락

쏟아지는 비를 잡고 이다음엔 내게도 쏟아짐의 낭만에 대해 말해 달라 조르는데 비에겐 새끼손가락이 없어

쏟아져 흐르는 저 낭만들
어쩌지,

비는 비대로 바람 잘 날 없던 내 새끼손가락에 매달려 잠시 머물면 안되겠냐고 물을지도 몰라

피차일반彼此一般

나는 새끼손가락을 곧게 펴고
비는 내 새끼손가락에 매달려

걷다 보니

그동안 내가 걸었던 수많은 새끼손가락들은 어디서 비를 맞으며 나를 씻어내느라 비의 허리춤을 꽉 쥐고 있을까

하나같이 약속이라도 한 듯
나를 흠씬 두들겨 패며 머릴 감쌀까

＞
맞아도 싸지
맞아도 싸지

쏟아진 쏟아짐의 낭만을 밟으며 이제는 새끼손가락 걸 일 없을 거라고 내 왼쪽 새끼손가락에 오른쪽 새끼손가락을 건다

가을은 당부가 비어있는 곳을 찾아 군데군데 사람을 흘리고 나는 지상의 한 귀퉁이에서 여기가 쓸쓸함의 천국이라고 박수를 쳐대며 오늘의 내가 어제의 나를 쓸어버리는데

숨소리가 들려

한바탕 쏟아져 아무것도 없는 가을의 무심 아래 숨소리가 들려

한 사람이 흘리고 간 가을을 찾아 *가을아, 가을아* 불러보다가 내가 다녀온 가을과 내게 남아있는 가을을 꼽아보다가 어리석은 일 같아 거둬들인다

온 적 없으니 간 적 없다는 가을의 말에 무릎 탁 치며 잠시 왔다 가는 게 나라서 올려다 본 하늘이 더 파래져

가을 심장 정중앙에 천국에는 없는 몇 개의 기도를 올려놓고 멀찍이 떨어져 죽음보다 더 캄캄한 사랑이나 해볼까 싶어지는데

아침부터 쓸쓸해 죽겠어, 쓸쓸해 죽겠어를 흥얼거리다가

한 번도 해본 적 없는 쓸쓸해와 뜨거운 정사를 나누겠다고

그리워질 것들을 모조리 버리고 있다

나를 낳은 나와 내가 낳은 나와
이 죽일 놈의 나를

무궁화호 열차가 들어온다

그림자를 늘이면 닿을 것 같은 철로의 끝에서 아무도 끌지 않는 나를 끌고 흔들림의 노동에서 벗어나기 위해

온,

그리움을 끌고 기차가 들어온다 철크덕 철크덕

기차의 심장 소리를 상상했으나 조용해 너무 조용해 나는 안내방송에 따라 플랫폼에서 한 발짝 물러난다

건너편에선 제천행 무궁화호가 발병 난 사람처럼 멈춰 서서 내가 한 바퀴 두 바퀴 구르는 동안에도 철로만 바라보는

오전 11:30

출발한다 뭉게뭉게 없이 심장에서 그리움 하나 빼내겠다는 나를 싣고 철크덕 철크덕 소리도 없이

도착까지 한 시간 남짓은 슬라이드 컷처럼 순간순간 네게

닿았다 나올 시간인데 설산이 눈에 들어와

뒤로 밀어내면서 철크덕 철크덕 소리도 없이

조금 빠르게

MRI

서너 달 어지럼증에
이 원인 저 원인을 찾다가 오늘은 뇌 MRI를 찍으러 갔다

바구니에 소지품을 담을 땐 기도 같은 마음이 생기고 *기도하*는, 하던 용필이 오빠의 간절함도 느껴지고

자기장을 발생시키는 통에 들어가 눕자 촬영기사가 헤드셋을 끼우며 슬금슬금 저 어둡고 캄캄한 세계로 인도하시어

절대 움직여서도 안 되고 눈을 떠서도 안 된다는 말에
착한 시체처럼 누워 있는데

왜 자꾸 이 통이 관 같은지 왜 자꾸 나를 두고 혼魂이 먼저 이 병원을 빠져나가는 것 같은지

어지러운데

스캔을 뜨는 내내 퉁퉁퉁거리는 소리가 이제 가면 언제 오실 거냐는 새로운 버전의 곡소리 같아 오긴 와야 해서 손가락 끝으로 날을 짚어보는데

\>
인터콤으로 수고하셨다는 말이 들린다

맹세코 부활의 소리였다

바람이 불어서 흔들린 것이 아니라 너를 보내고 돌아와

누워있다

너를 부정하면 수시로 내가 죽고 나를 부정하면 수시로 네가 살아나

사랑보다 더 위험한 말을 떠올려보는데 좀체 떠오르지 않아 모진 사람처럼 노곤히 죽어가는 시간을 깔고
말 한마디 없는 베개를 베고

잠시 죽어야 할 사람처럼
누워있다

세상의 모든 너는 내게서 생겨났으니 나 없는 너도 때늦은 시장기를 느끼며 누군가에게 다시 태어나기 위해 혼돈 속에 누워있겠다

문밖은 언제나 그렇듯 몇몇의 사람이 몇몇의 시간을 데리고 산책 중이라 멀어지는 소리만 들린다

오늘이 쪼개지듯

붕괴되듯

바람이 분다
분 바람이 불 바람을 밀었다 당기는 바람에 죽어가던 몇몇의 순정이 내게서 밀려났다 밀려들며 신경질적으로 어깨를 부딪쳐

도망치듯
찢겨지듯 사람이 밀려난다

영락없는 사람이

꼴통

아버지는 어린 나를 늘 꼴통, 꼴통 하고 불렀다

내 삶을 예견하신 듯 내 삶을 견인해야겠다는 듯 꼴통 꼴통 하고 부르면 난 획 돌아서서 꼴통의 자세를 취했다

든 것 없어 버릴 게 없고 버릴 게 없어 무턱대고 대가리를 들이밀었던

꼴통,

깨지지 않는 대갈통을 박거나
악으로 깡으로 울어 제끼거나

꼴통이라는 것을 인정할 때까지 꼴통 짓을 했고 만족해했다

덕분에 나는 죽여줬고 죽여줌에 죽여줌을 더하다 끝내는 나를 죽이게 되었으니 진짜 꼴통이 되었으니

꼴통만큼 진정성 있는 말이 어디 있을까

한다면 하는

하겠다면 하는
하지 말래도 기어코 하는

오늘도 나는 혼자 히죽히죽 웃으며 보란 듯이 꼴통짓에 몰두하고 있다

참 좋은 말이다
꼴통,

봄꽃

꽃 얘기 좀 그만하자

어디어디 피었다느니 너도나도 피었다느니 흩날린다느니 자꾸 얘기하면 나는 그리 가보고 싶어지고

가보고 싶어 안달 나게 되고

백주대낮에 하던 일 팽개치고 나란 나는 다 집어던지고 망 ㄷ이란 망ㄷ은 다 벗어버리고 이 꽃인가 저 꽃인가 찾아 나서 는데

봄꽃은 하도 피어 봄이란 봄을 모조리 끌고 물 건너 재 넘 고 산 넘어 당신한테만 가네

당신이야 올 꽃이든 내년 꽃이든 상관없으련만

봄도 지 좋아하는 사람은 아는지라 당신 살아생전에 그리 좋아했으니 봄이 저 지랄하고 가는 것도 이해가 가

잠깐 당신 생각에 빠지는데

>

깡마른 봄 하나 내 얼굴에 툭, 하고 떨어져 바라보니 야위었네

뜨끈한 돼지국밥이라도 한 그릇 멕이려고 그 야윈 손목 잡아끌고 다 늦은 봄날에 국밥집으로 가네

최선의 방법

　큰 눈 내려 오가는 사람 없는 구정에 점빵에 나와 있는데요 하루가 길어 가져온 전 나부랭이나 먹는데요 이래저래 올 사람 없고 시간도 오후 지나 자꾸 발을 헛딛는데요 전을 전전긍긍 먹은 탓인지 속 시끄러워 화장실에 가 내리고 앉아 뒤 덩이 떨어뜨리는 중인데요 별안간 적막강산을 깨며 전화벨이 울리는데요 요즘 큰 불경기라 올릴 틈도 없이 뒤뚱뒤뚱 뛰어가 전화기를 막 들었는데요 거기 에이스 침대죠? 오늘 문 열었나요? 묻는데요 여긴 에이스 침대가 아닌데… 급한 김에 네 열었어요 빨리 오세요 하고 끊었는데요 끊고 보니 에이스 손님을 빼앗은 기분도 드는데요 그건 차후의 일이고 우선은 되돌아가야 하는데요 뒤뚱뒤뚱 참 멀게만 느껴지는데요 열어 놓은 곳에선 자꾸 나오려 하는데요 에이- 스 에이- 스도 입에서 연거푸 나오는데요

민생회복 소비쿠폰

 나랏님이 나라가 안 돌아가 돌아버리겠다고 나라 좀 돌려보자고 민생회복 소비쿠폰을 쿡쿡 쑤셔 넣어준다기에 현대인답게 현대카드에 십팔만 원을 받아놓고 이게 웬 떡인가 하며 뒤 끼 점심 사 먹고 나머지는 흥청망청 쓸 요량으로 키핑해 두었는데 오늘일랑 기필코 흥망성쇠의 기로에서 흥 쪽으로 기울어져 보겠다고 쉬운 말로 때 빼고 광내고 쏘맥 한 잔 마셔보겠다고 다짐하며 사우나에 갔다가 한 푼이라도 아낄 요량으로 사우나 할인쿠폰 50장을 사며 나도 모르게 현대카드를 줬겠다 핸드폰에 찍힌 소비쿠폰 잔여 0을 보는 순간 허탈감이 쏴하게 밀려온다 이를 어쩌나 나랏님이 나라 좀 같이 굴려보자고 흥청망청 쓰라 했는데 깔끔하게 깔끔해지는데 썼으니 나랏님 쏘리쏘리쏘리!

구정

　구정 전인데 부모님 돌아가시고 형제들 하나둘 예쑤님 믿는다고 믿음에 충실해 어디 갈 데가 없다 추석 같아야 낚싯대라도 둘러메고 조상 눈치껏 바닷가라도 다녀오겠지만 이놈의 구정은 춥기만 해 오갈 데 없는 情이 정내미 떨어져 조상님들 등에 업고 전통시장을 한 바퀴 돈다 차려놓은 것 많으니 일단 입맛에 맞는 걸로 맘껏 잡숫고 구정 날엔 아무도 기다리지 말라고 신신당부하면서

3부

3인실

커튼은 모두 젖혀져 있었고 누군가 열어 놓은 창문으로 바람이 머리카락을 쓸어 넘기며 들어왔다

창문을 열어 놓고 간 그는
병실 문을 나서며 처음으로 자신의 눈동자로 3인의 눈동자를 떠올렸으리라

아파봐야 안다는 말처럼 무서운 말은 없겠지만 그도 아팠으니 아파봐야 안다는 말을 놓고 돌아갔으리라

이동 침대에서 병실 침대로 옮겨질 땐 등으로 게걸음을 흉내 내며 넘어오다 혼자 웃었다 아프지 않은 사람처럼

온종일 누워

1인실로 들어가듯 빈 대통령실로 들어가는 한 사람을 TV로 보며 성한 사람이니 다행이라 생각했고

채널이 있는 한 이기고 지기를 무한 반복하는 楚와 漢의 장기 채널을 보며 종결이란 결코 쉽지 않은 거라 생각했다

\>

동병상련을 앓아야겠기에
이 병실이 채워지길 바랐지만

창문으로 들어온 바람이 3일 내내 병실의 안색을 살피며 돌아다니는 동안

나는 혼자 아팠다

옳다

옳다

네가 옳다

사람 마음을 퍼먹다 급체한 내게서 쉰내 난다는 네 말이

사랑의 몰락은 알면서 마음의 몰락은 모른 척 해 사람 사이를 오가도 못하고 있다는 네 말이

실수로 병든 고백을 저질러놓고 저린 속이나 주무르고 있다는 네 말이

옳다

불행은 닥쳐온 게 아니라 거저 받은 거라 한 입 크게 베어 물고 남은 불행은 묻어두어야 한다는 네 말이

불행을 뒤집으면 행불이니 묻고 돌아와 그런 게 어딨냐고 고래고래 지르는 소리가 모두 먹빛이라는 네 말이

옳다

>

내가 나를 오랫동안 속여 왔다는 걸 알면서도 속아준 네가 백 번 옳다 네가 고속도로를 달리며 듣는 음악을 내가 뭐라 할 순 없지만 오늘같이 졸음이 쏟아지는 고속도로에서 잠시 볼륨을 줄이고 내가 읽어주는 이 한 편의 시를 듣게 된다면 너는 가속페달을 밟고 나에게 급하게 달려올지 아니면 쉼터로 들어가 창문을 열고 잠시 숨을 몰아쉬며 금방 들었던 이 시를 다시 읽어달라고 조를지 모르겠지만 지금 내가 너의 운전을 방해하면서까지 이 한 편의 시를 읽어주는 것은 이 시가 가여워지지 않았으면 해서야 그러니 네가 만약 쉼터로 먼저 들어선다면 전화해

　이 시 다시 읽어줄게

눈 딱 감고

　수챗구멍 막히면 뻥뚫어로 뚫으면 그만이고 숨구멍 막히면 그 너머로 넘어가면 그만인데 살겠다고 먹고 마신 구멍이 잘 내려가다 마지막에 가서 탈 나 병원 수술대에 엎어져 급한 대로 하늘 향해 엉덩이 쳐들고 하눌님에게 신고부터 한다 먹고 싸는 일이 그렇게 중요하다고 하눌님이 신신당부하였건만 먹는데 정신 팔려 싸는데 깨끗하지 못했으니 하눌님 하눌님 이 다음부턴 먹는 일보다 싸는 일에 정신 줄 매달게 엉덩이 한번 찰싹 때려 주십사 비옵니다 비옵니다 빌고 있는데 하눌님 찰싹하기 전에 간호사가 포지션 잡겠다고 사정없이 벌린다

不

내가 버린 불가불에 대해

아침 창에 이마를 대자 엊그제 깨진 이마가 다 아물지 않아 미친 듯 쓰려올 때 너희가 던진 불가에 대해

막차는 보내는 게 아니라 놓치는 거라 했던 한때 무성했던 순수에 대해
순순히 죽어간 순수를 파묻고 돌아와 양푼에 밥 비벼 먹는 작금에 대해

금언

설명하려다 되레 **뺨** 맞는 일 허다했으니 나를 망치고 돌아와 꽉 다문 입으로 막바지에 다다른 불의 숨통을 조이려 했지만

그 불이 꺼진다면 득달같이 달려들던 세상의 모든 너희가 헛헛해서 죽어 자빠질 테니 이 또한 불이럇다

터진 입이라 할 말 많아도 불가근의 불이 나를 내리치듯 모든 불가를 태웠으니 그리하여 불경도 타들어 갔으니

금언

내버려둬도 타는 것과 타들어 가는 것 모두 저절로 타버렸 것다 불가불가하던 늙은 멸까지 다 타버렸으니 이 또한 불량이렷것다

노심초사했었는데

됐다,

찢겨지지 않는 이성이라는 붕대를 감고도 헛김 빠짐처럼 자꾸 새나가는 기분 때문에 괜찮다는 말로 나를 두들겨 패보지만 죽은 피 같은 기분 앞에서 맥없이 쏟아질 다짐보다 땡볕에 축 늘어진 감자 잎처럼 늘어질 줄 알아

다행입니다

유치하고 모호한 내가 오늘의 공기를 마시며 길게 나열된 탁자에 앉아 귀를 열고 갱신하려는 입을 씻으며 사람들을 바라봅니다

나열된 의자의 사람들이 하나같이 과해서

이그러지는 마빡으로 한낮의 이마를 툭툭 치다가 비장한 마음으로 다정을 연출해 보지만 내게 과함은 간과할 수 없는 일

자기도취 같은 말을 들으며
자기몽유 같은 말을 들으며

한순간 무너질 수 있어 식은땀 흐르는 목덜미를 잡고 어디

에 걸어 둘까 어디에 걸어 두어야 꺾임 없이 저 과함들을 공손하게 떠받들고

  어이
  어이

  없음을
  없어서 대답할 수 없음을

  어느 곳으로도 달아날 수 없는 유치하고 모호한 내가 나열된 탁자 위로 맹렬히 쏟아지는 저 과함들을

  과하게
  아주 과하게 바라보게 되는

이 세계에 발을 들여놓고 영원을 새끼 치는 동물인 양 영원히 뿜어져 나오는 울음을 가진 동물인 양 다 내게로 오라, 내게로 오라 너희의 울음까지 모두 울어줄 테니 다 내게로 오라, 두 팔 벌리고 막 태어난 神의 새카만 새끼 흉내를 내다 일어서는 내 멸망의 그림자에 밟힌 순간부터

  나는 뿔뿔이 흩어졌다

내가 마신 것은 술이다

 놓칠 것 같아서
 놓쳐서는 안 될 것 같아서

 내가 가진 것, 내가 가지고 있었던 것, 내가 가지려고 발버둥 쳤던 것, 그러나 이제 내게 남은 것

 그것밖에 없어서

 말이 없어도 내버려두면 되짚을 일은 없을 것이다 되짚고 나서 잠깐 나갔다가 끝내 내가 사라진다 해도 그건 무방하다 그러나 네가 먼저 사라진다면 그건 내게 견딜 수 없는 무서움이 되어

 잔과 잔이 부딪쳐도 깨지지 않는다
 그것밖에 없어서

 견딤이 견딤을 내버려둬 내 몸이 다소 야윈다 해도 야위어서 더는 배웅할 일이 없게 된다 해도 지금 내가 마시는 것은 술이다

 엎질러질 것 같아서

미지근

　한여름 무더위를 피해 금산 출렁다리 밑에 원터치 텐트를 치고 식탁을 만들고 자그마한 솥뚜껑에 고길 구우며 맥주를 들이키다 어항 들고 물속으로 들어가 빠른 수심 피해 어항 놓고 나와 깡패처럼 더위를 때려눕히니 더위는 저만치서 두 손 들고 슬금슬금 내 눈치만 보며 서있고 술술 들어가는 술로 배는 기꺼이 차올라 누가 보면 임신하셨어요? 라고 물을 것 같아 물고기도 잡고 배출도 할 겸 다시 물속으로 들어가 어항을 걷어보니 든 물고기는 없고 물만 뜨뜻해진다

큉

 내게 물린 날처럼 묻거나 묻다가 들여다본 거울 속에서 툭 튀어나온 광대**뼈**에 들어앉은 몇 개의 절망과 절망의 **뼈**대를 뽑아 손바닥에 올려놓고 그날그날의 나를 묻거나 묻다가 물어볼 필요 없는

 살아있음에 대해

 또는 살아있음의 죽음에 대해 고백하고자 고개를 왼쪽으로 조금 돌리고 눈을 아래로 깔거나 철거당할 점집 앞에서 한쪽 옆구리를 드러내 보이거나 김밥 옆구리 터지듯 살아있음의 옆구릴 터뜨려 놓고 징징 짰으니 누가 보면 눈물 없이 볼 수 없는 유치찬란함이겠지만 아직 나는 큉 아래의 사람처럼 큉 위의 삶처럼

 살아남에 대해
 살아냄에 대해 큉큉거리다가

 큉이

 쾌지나
 쾌지나 칭칭나네

4부

내게 강 같은 슬픔

손톱만 한 슬픔을 앞혀놓고 바르게 살자 타이르는데 해맑게 웃는다

떠들어봐야 제 입만 아플 거라는 듯 슬픔이 방바닥에 **_슬픔은 혼자 자라지 않습니다_** 라고 써놓고 빤히 올려다봐

웃어줄까 울어줄까

주위를 둘러봐도 혼자인 것은 없고 어쩌다 혼자라고 우기는 것은 거짓말처럼 제 몸에 무료만 칭칭 감고 있어

시도 때도 없이 업어 키운 슬픔이 우리의 만남은 우연이 아니라는 듯 눈 흘기는 저 능청에

나는 배알 없고
인정머리 없는 사람이 되어 슬픔 없는 곳을 찾다가

이 악물고 온 이 삶이 슬픔 없었으면 김빠진 사이다나 앙꼬 없는 찐빵처럼 밍밍했을 것 같아

내게 강 같은 슬픔에게 손가락 걸며

오늘부터 일심동체!

옛날에 말이야

 쥐꼬리 잘라 학교 가던 시절에 말이야 신문지에 누룽지 둘둘 말아 가지고 가던 그 옛날 옛적에 말이야 동무들 모여 돼지 오줌보에 물 채워 축구하던 시절에 말이야 선생님은 똥오줌을 절대 싸지 않는다고 철석같이 믿던 그 시절에 말이야 어느 일요일 오후 운동장에서 돼지 오줌보를 냅다 차고 있었는데 말이야 갓 부임해 온 여선생이 일직 서다 말고 교무실로 나를 부르는데 말이야 무슨 잘못을 저질렀나 싶어 손발 부들부들 떨며 교무실로 뛰어 들어갔는데 말이야 일요일 한낮의 고요를 머금고 있던 괘종시계가 두 번 종 치는 바람에 뒤로 넘어갈 뻔했는데 말이야 선생님이 나를 무르팍에 앉혀 놓고 준 미제 과자를 먹고 있는데 말이야 선생님 손이 신의 한 수처럼 반바지 속으로 스윽 들어오는데 말이야 내가 뒤로 넘어갔는데 말이야 그러니까 옛날에 말이야

절

일어날 수 없는 일들이 자주 일어나
절로 가게 된 나는

걸어서 갔는데 엎어져 닿았고 엎어져 닿았는데 말간 지옥들만 쓸어 올리다 눈감고 있는 경우가 많아

눈물 글썽이게
들어도 끝이 없는 저 파란만장한 절을 바라보다

도대체가……

心 한 톨 놓고
어디서부터 펼쳐도 빈 소란만 움찔대는 이 한 톨의 세계에서 절로 엎어지고 있으니 도로아미도로아미

손사래 치는 노승의 이마나 유모차에 실린 어린아이의 꽉 쥔 손을 툭툭 치는 저 햇살도 찰나를 움켜쥐려는 것이니

사람아
반세기쯤 지나온 사람아
당신에겐 이 절이 닳고 닳은 절이 아닌 아주 폭망한 절이길

＞

　한 그루 노송이 언제까지 늙어야 하는지 묻는 바람에 나는 노송의 이마를 한 대 탁 치는 것으로 도로아미도로아미

　도대체가……

　불

기다림이란 말 위로 몇 개의 계절이 바뀌는 동안 바람이 불어 한 글자 한 글자 흩어지다가 어느 날 그 흩어진 단어들을 그러모았을 때 거기엔 네가 없었다

태풍이 몰고 온 비바람으로 천변에 나가지 못하다가 태풍 사라지고 나가보니 첫날은 급류에 휩쓸렸던 나무가 보이고 다음 날은 붉은색 산책로를 걷는 몇몇의 사람이 보이고 그 다음 날은 수면 위로 조금씩 드러나던 징검다리가 보이고 그 다음 다음날은 물속의 흰 구름 위를 천방지축 돌아다니는 작은 물고기가 보였다

그렇게 나는 걸었다

허세

 방앗간 하시던 아버지 장날이면 철수네 달구지 타고 쌀 사러 나갔다가 이른 쌀 사고 나면 쳇바퀴 돌던 방앗간에서 벗어난 해방감에 막걸리로 목구녕 때부터 벗기기 시작하여 해질녘엔 웃통까지 벗어제꼈다 돌아오시는데 대문 앞에서 이제나저제나 아버지를 기다리던 나는 석양을 질질 끌고 오는 완행버스가 보이면 기대 반 두려움 반이 된다 버스에서 내린 아버지 쓰봉 바지에서 국물 다 빠진 뻔디기를 꺼내 내 손에 쥐어주고는 어디 한판 붙을 놈 없을까 싶어 윗동네로 향하셨으니 국물 다 빠진 뻔디기를 들고 서서 어쩔 줄 몰라 하던 내가 오늘은 아파트 담벼락에 기대어 전화번호를 뒤적이고 있다 어디 한판 붙을 놈 없을까 싶어

변변

 나이 지긋한 분이 가게 뒷문을 열고 들어와 한 무더기 똥을 싸는 줄 모르고 싸가지 없는 놈처럼 문을 열어제껴 그가 주저앉았다

 초면인데
 무슨 사태처럼 서로의 눈이 마주쳤는데

 붉은 얼굴에 흰 눈동자가 꿈쩍 않고 나를 노려보다가 깔아뭉개고 있던 변에서 몸을 분리시키며

 어흠 어흠 하신다

 어흥어흥도 아니고 어흠어흠하시다 밑도 끝도 없이 바지춤을 올리는가 싶더니 휑하니 가버리신다

 뭉개진 변은 변변한데 뒤처리 없이 냄새 풀풀 풍기며 가신 분을 생각하니 나의 예의 없음을 탓해야겠지만

 미안하단 말 한마디 없이 가버린 나이 지긋한 그분도 변변치 않아 보였다

 변변한 변을 치우다 나이 들수록 쌀 땐 싸고 치울 땐 깨끗이 치우는 게 예의 아닐까 싶어 내 뒤를 돌아보았다

믹스커피

 농장의 개가 호랭이 무늬를 하고 있어 전생이 궁금하였다 어쩌다 들르면 호랭이처럼 어흥 하거나 개처럼 컹컹 짖는 법 없이 너는 내가 몇 번 본 놈이지 하는 눈으로 꼬리를 흔들며 무릎 위로 뛰어올랐다 일 년에 한두 번 볼까 말까 하는데도 나를 보면 집 나간 서방 돌아온 듯 반겼다 그 반김이 고마워 호랭이 같은 개가 좋아하는 믹스커피를 타 바닥에 놔주면 솔다방 미스 김은 저리 가라 할 정도로 핥아먹었다 커피 한 잔을 게 눈 감추듯 감추던 그런 호랭이 닮은 개가 오늘은 보이지 않는다 늙어서 다른 데로 보냈다고 한다 다른데? 다른데? 호랭이 닮은 개가 있던 곳에서 다른 데를 떠올리는 게 겁나 믹스커피를 타다 말고 종이컵을 구겨 버렸다

일없다

한 사나흘 아파보니 알겠다

사람마다 왕관을 씌워놓고 연신 조아림에서 벗어나 연緣 끊고 사는 일에 몰두했다 싶었는데

끊음과 끊어짐 사이에
끼어 있었다는 걸

이도 저도 병이라서 옆에서 챙기는 사람 눈치 봐가며 마셔 버린 약병처럼 쓴맛 도는 사람을 떠올리고 있었으니

한 사나흘 누워서 다 써버린 낭패를 지우고 아름다워서 미쳐버릴 수 있는 것들을 벽에 써보는데

정작 사람의 이름,
그 짧은 두 글자는 써 내려가지 못하고

누가 나를 찾지 않나 기다리기만 하였고 누가 나를 반기지 않나 맘만 먼저 가보았고 누가 나를 잊었나 엉엉 울어버리다

누가 나를 데려가지 않을까 퉁퉁 부은 얼굴을 말끔히 씻

어보았지만

  일없다

  한 사나흘 아파보니 사람 안에 사람 없이 지낸다는 게 얼마나 모진 일인가를 알겠다

11월

살점 하나 없는 하늘을 걸치고

한낮에 하강하는 기온을 먼 산에 몇 번 패대기치다 들어와 달달이 커피 한 잔 타 놓고 애인이 사료 푸대에 갖다 준 단감을 두 개 깎아 먹으며

침몰하는 햇살을 뭉개고 앉아 어둠이 조지려는 이 어둑을 먼저 조지기 위해 멀미나는 것들을 틀어막는데

샌다

원래 11월이란 게 아주 고약하게 사람의 맘을 흔들어 놔 아무리 틀어막아도 샐 것들은 샌다

달달이 커피를 마시며 떨구고 떨구고 떨구다가 떨어지는 11월과 살리고 살리고 살리다가 살 떨리게 떨어져야 할 내가 붙어먹었으니

참 좋은 궁합이라 생각하는데
내가 샌다

 새는 나를 갈기갈기 찢겠다고 달려드는 이 어둑을 차마 사랑하지 못해

 내가 먼저 캄캄해진다

설사

새벽부터 쏟아지는 병력들

정월 초하루 아침에 끓인 굴 떡국을 저녁에 데워 먹었더니 굴이 반란을 일으켰다

자연산 굴이라 했는데 굴 입장에서 보면 정초를 앞두고 모두 징벌된 것이니 나의 자연사를 마냥 기다릴 순 없었을 것

속 좁은 내 속을 거침없이 진군한다
노로바이러스를 뒤따르는 노노바이러스들

하릴없는 한 해를 보내고 떡국 한 그릇으로 한 살 거저먹는 것도 얄밉거니와 나이 먹을수록 예스맨이 되어가는 것도 꼴불견이라는 듯

NONO

시도 때도 없이 쏟아지는 병력들
마지막엔 아예 대놓고 병아리 같은 노란 병사들이 활개를 친다

＞

　나이는 아랫구멍으로 먹는 게 아니라는 걸 일깨워 주듯 쏟아질 때마다 쓰라린 고통은 더해가

　거저먹은 한 살을 다 쏟아낼 때쯤 남아있는 자연산 굴에게 싹싹 빌며 말했다

　올해부터 나의 소망은
　자연사

손잡이

비행기 타고 제주도 가자는데 가긴 가야겠는데 손잡이 하나 없는 비행기 타는 게 겁이 나 비행기 타고 가다 흔들릴까 봐 겁이나 이리 흔들리고 저리 흔들리다 자빠질까 봐 자빠지고 자빠지다가 까딱 잘못해 떨어질까 봐 떨어져도 하필 육지도 아닌 섬도 아닌 바다 저 밑바닥일까 봐 비행기 타고 제주도 가자는데 자꾸 가자는데 갈 수 없는 이 마음 헤아려 주시길 헤아릴 수 없다면 태울 비행기에 손잡이 하나 달아주시길

5부

소두공양燒頭供養

머리카락 덮여 제대로 하늘 한번 보지 못한 머리통에게 하늘이 푸르다는 걸 보여주기 위해 쓸모없는 일처럼 머리를 박박 밀었는데

캉캉
밀었는데

한여름 가무잡잡하게 탄 얼굴 위로 허옇다 못해 하얗게 드러난 대갈통이 백반증 앓는 사람 같아

이건 아닌데
이건 아닌데 중얼거리다가

대갈통을 민 것이 道의 일방통행을 원한 것도 아니고 든 것 없는 대갈통으로 空을 말하려 한 것도 아니고

色不異空空不異色 色卽示空空卽示色 같은 어마무시한 말이 아낌없이 쏟아지길 바란 것도 아니니

이 허연 대갈통을 구제하기 위해 썬크림 듬뿍 바르고 한여름 태양 속으로 들어간다

>
소대글박공양!

오늘 점심엔 내가 가진 시간의 한 귀퉁이를 뚝 떼어 그 사람의 시간 속에 툭 던지며 고시레를 외쳐볼 참이다

밥 한번 먹자먹자 했는데

먹자도 영락없는 子字 돌림이라 사내인 내가 함부로 대할 수 없고 까딱 잘못하면 빈 희롱이 되겠고

먹자는 나보다 먹어와 친해 밥 챙겨 먹어! 먹어! 하다가 내일은 실로 오랜만에 밥 한번 먹기로 해

이리 누워 이 밥을 먹을까 저리 누워 저 밥을 먹을까 밤새 뒤척이다 이른 아침부터 때 빼고 광내고 부랴부랴 길 나섰는데

'갑자기 급한 일이……'

가던 길 멈춰 서서 미자 말고 먹자에게 빠이빠이야
날아간 먹자에게 하염없는 손을 흔들며 빠이빠이야

한나절을 이리 앉아서 오늘 먹어야 했던 먹자를 생각하다가 저리 앉아서 언제 먹을지 모를 먹자를 생각하다가

>

한 끼 때우러 순대 국밥집으로 간다

국밥 한 그릇 시켜 놓고 오늘의 먹자가 궁금해 밥 챙겨 먹으라는 문자를 보내고 나서야 숟가락질을 시작한다

폭망

마음을 낳아 기른 적 있다

사람과 사람 사이를 헤집고 다니며 살아줬으면 싶은 맘을 낳아 기른 적 있다

그 맘이
내 맘 같지 않게 제멋대로 자라

어느 날은 나를 갈기갈기 찢기도 하고 어느 날은 누군가의 맘을 후벼 파기도 해 맘 없이 사는 사람이 부럽기도 하였다

그런 맘이

사람 속을 헤집고 싸돌아다니다 神에게 뒤통수 한 대 맞고 뒤돌아와 온종일 허기와 허무와 허탈에 들다가

사람의 허상만 봐도 길길이 날뛰었다

혹여 사람들에게 애비 없는 맘 소릴 듣는 건 아닐까 노심초사도 해보고

>

맘과 맘이 대판 싸운 날에는 무자식이 상팔자라는 말이 떠올랐지만 내가 낳은 맘이라 나를 나무라곤 하였다

한순간 폭망하는 맘을 낳아 키운 적 있다

마음 하나 붙잡고 죽어라 흔들어대다가 차라리 죽어버려라 죽어버려라 패대기치는

언 맘이 뭔지 안다는 듯 봄이 오다가 봄을 기다리는 자들이 성급하다고 비부터 뿌려대는 아침

비를 밟으며
몸소 짓이겨 밟으며

올 테면 제대로 오지 쏟아지는 것도 아니고 적시는 것도 아니고 와 닿는 것도 아니라고 비의 얼굴을 감싸 쥐는데

오라 할 수도 가라 할 수도 없는 나를 지나치며
젖어 드는 사람들

나는 젖지 않아 마음의 천장부터 부숴버리고 싶어 고갤 쳐드니

광활함

그곳에서 한 사람의 머리칼이 젖고 손사래 치던 손등이 젖고 칭칭 동여맨 가슴이 젖고 따스했던 숨이 젖고 있네

>
아이고 맙소사

그래도 나는 젖지 않아 마음 하나 붙잡고 죽어라 흔들어대다가 차라리 죽어버려라 죽어버려라 패대기치는
봄비 흩뿌리는 아침

오던 봄이 박살난다

싹

한 평 남짓
홍감자 심어놓고 아침마다 고갤 처박고 싹을 찾는다

고갤 처박다 못해 코까지 처박고 싹바가지 없었음을 인정하며 오늘의 몸부림 같은 싹을 찾는다

그러나 싹은 내게 아직 싸가지 없음이 남았음을 아는지 땅속에서 얼굴을 꼿꼿이 쳐들고 뵈기 싫은 얼굴 치우라는 것 같아

싹싹하게 싹, 싹 하다가
내친김에 잎으로 바꿔 잎, 잎 하다가

씨감자 자른 단면에 바른 재가 숯불구이 삼겹살집에서 얻어온 재라 안 나오는지 또 다른 걱정을 하며

오늘도 코를 처박는다

감자에 싹이 나서
싹이 나서
싹이 나
싹이
싹

식은땀

눈을 부비고 나면 잠깐이지만 혼돈의 세계에 와있는 듯 눈앞이 뿌연해져 볼 수 있는 게 없다 애초에 아무것도 없었던 듯

눈을 부비고
오래 생각하는 버릇이 생긴 건 그때부터

생각해 봅시다 지금당장
생각해 봅시다 당신부터

그물에 걸린 물고기처럼 끝을 잡고 끝도 없이 밀어 보지만 이것은 진전인가 전진인가 끝까지 생각해 보지만

진정

진정 짙주는 무서운 일
아무리 흔들어도 떨어져 나가지 않는 지느러미처럼

어느새 흐릿해진 나를 나열하다 앞에서부터 쓰러지는 내가 보여 진정이 필요했다 그러니 생각 좀 해봅시다 잠깐만

생각이라도 해봅시다
눈을 감고

살

쪘지요

내 것 같지 않은 내 것이니 맘 놓고 붙더이다 붙어먹어야 할 놈이 아닌 줄 알면서도 붙어먹었으니 어쩌겠어요 책임져야겠지요 데리고 다녔습니다 거둬 먹였습니다 걷잡을 수 없더군요 덕분에 130근 정도 나가니 웬만큼 값이야 쳐주겠지만 온통 비계뿐이라 거들떠보는 사람이 없더이다

이 땅 떠나기 전에 털긴 털어야겠기에 살살 걷기 시작했습니다

철

  찬 겨울비 뚫고 당구장으로 가 내기 당구를 쳤다 당구 300에 이르러서야 제 갈 길로 가는 길이 보여 장장 여섯 시간을 치고 순댓국을 얻어먹었다 덤으로 한 시간 더 쳐주고 집에 돌아오니 네 마리 만 원에 샀다는 철 지난 꽃게가 있다 티비에선 무명 가수가 유명 가수 되겠다고 열띤 경연을 펼치고 좀 전까지 팔팔했을 꽃게들은 쟁반 위에서 나를 올려다본다 살이 있을까 의구심이 들었지만 이내 팔을 걷어붙이고 꽃게들을 해체하기 시작하였다 유명 가수들도 제철 만난 듯 무명 가수를 해체하느라 바쁜 사이 꽃게 네 마리가 순식간에 분해되어 껍질만 수북해졌다 입술을 쓰으윽 문지르고 내게 붙어있는 사지를 감추듯 이불을 덮고 누웠다 내일은 짜장면 곱빼기 내기를 해야겠다 티비에선 계속해서 탈락자가 나오고

셋

창밖으로 넓은 잔디가 보이고 한 사람이 골프채를 휘두른다 그 옆으로 가을이 구경꾼처럼 서 있어 잠깐 눈이 마주치고

갓 구운 세 조각의 식전 빵이 아직 따뜻하다
대화는 시작된다

가벼운 대화 속엔 가볍게 셋이 있고 어쩌다 끼어든 대화 속엔 간혹 사람이나 장소를 떠올려야 했다

파스타와 먹물 리조또를 접시에 조금씩 가져다 먹는 동안 내 기억에도 먹물이 스며든다

한 모금 물을 마셨다

흰 골프공이 잠깐 위로 올랐다 떨어진다 9번 아이언으로 쳤다면 떨어진 공은 근처에 있을 것이다 그 아이언으로는 굴리기가 쉽지 않아

십 년 만인가,
십 년 만이지,
되묻는 사람의 접시에도 먹물 리조또는 남아 있다

>

두 개의 파스타는 깨끗이 비웠지만 먹물 리조또는 아직 남아있다 셋이 먹기에는 양이 많았다

종업원이 다가와 디저트를 묻는다

이돈형

나는 사람 새끼다

새끼라는 말이 좋아 맞아 죽어도 나는 새끼였으면 좋겠다 저 새끼보다는 이 새끼였으면 좋겠다

이 새끼는
눈앞에 서 있는 새끼라서
당장 한 대 줘 터질 수 있는 새끼라서 좋다

맞아도 좋으니 지금은 이 새끼에게 젖을 달라

조상 젖을 빨아 본 적 없어 세상 젖이라도 빨겠다는데 주는 놈이 없다 그러니 맞아 터져도 좋다 빨게만 해 다오

젖 좀 달라면 대뜸 나오는 말이 이 새끼가! 였다

맞다
이 새끼

굶어 죽는 새끼보다 맞아 죽는 새끼가 낫고 맞아 죽는 새끼보다 얻어 처먹는 새끼가 낫다고 목 놓아 외치는 이 새끼

>
아직 젖 같은 세상을 다 빨아 보지 못한

이 새끼
이돈형 맞다

해설

내 안의 나, 혹은 진실을 찾아가는 고독한 여정

이형권 문학평론가

내 안의 나, 혹은 진실을 찾아가는 고독한 여정

이형권 문학평론가

사람아/ 여린 나뭇잎이 흔들리는 것은 저 광활한 우주가 있어 흔들리는 게 아니라 바라보는 내가 있어 흔들리는 것이니// 흔들리는 사람아
— 이돈형, 「공복」에서

1. 나는 진실의 '새끼'다

이 시집에는 세상살이의 이런저런 사연을 지닌 "나"가 자주 등장한다. 고독한 나, 슬픈 나, 무료한 나, 고단한 나, 비루한 나, 결핍된 나, 떠도는 나, 그리고 사랑하는 나, 사랑받는 나, 이별의 나, 초월의 나, 반어적인 나, 반항하는 나, 역설적인 나, 풍자적인 나, 펀pun 하는 나, 대긍정의 나 등 수많은 "나"가 북적이고 있다. 이들은 고루하고 거짓된 세상에서 상실했던, 진실한 자아를 찾아가는 여정에 선 "나"의 다

양한 모습이다. 진실한 자아의 상실은 현대 사회의 비정한 물신주의, 도구적 인간관계, 사랑의 부재, 획일화된 가치관, 자기 정체성의 혼란, SNS 시대의 디지털 빈곤 등으로 인해 발생한다. 자아 상실은 인간이 인간답게 살아갈 수 없게 하는 심각한 문제인데, 이 시집의 시편들은 이를 심각하게 여기면서 자아를 성찰하고 세상을 비판하는 자세를 취한다. "나"가 없으면 세상도 없고 우주도 없는 셈이고, "나"를 상실했다는 것은 모든 것을 상실한 것과 같으니, "나"를 찾아가는 일은 매우 유의미하고 소중한 일이다. 따라서, 내 안에 존재하는 진실한 "나"를 탐구하는 이돈형의 시적 여정이 궁금해지지 않을 수 없다.

시에 등장하는 "나"는 보통 화자라고 부르는데, 그는 시인과는 꼭 같지는 않아도 시인의 대변자 역할을 한다. "나"는 시인을 대신하여 시인의 시적 진술을 주도하면서 시상을 전개하는 역할을 하는 것이다. 다만, 화자를 지칭하는 퍼소나 persona라는 말에는 시 속의 "나"와 시인의 인위적 거리 혹은 미적 거리가 함의되어 있다. 시인은 화자를 내세움으로써 지나치게 주관적인 목소리에서 벗어나 더 객관적이고 보편적인 진술을 하고자 하는 셈이다. 가령 김소월 시의 여성 화자만 보아도 시에 등장하는 나가 실제 시인과는 상당한 거리가 있다는 사실을 알 수 있다. 「진달래꽃」의 화자는 애이불비哀而不悲라는 우리 민족의 보편적이고 전통적인 정서를 표상하는 존재이다. 그런데, 이 시집에 등장하는 "나"는 시인 자신과 온전히 동일시되는 모습을 보여준다. 완전하지는 않아도 시의 화자인 "나"를 현실의 이돈형과 최대한 일치시키고 있는데, 이러한 진술 방식은 시적 진솔성 혹은 심리적 핍진성을 강화하는 역할을 한다. 이러한 모습을 확인하기 위해서는 이 시집의 마지막 페이지를 먼저 보아야 한다.

나는 사람 새끼다

새끼라는 말이 좋아 맞아 죽어도 나는 새끼였으면 좋겠다
저 새끼보다는 이 새끼였으면 좋겠다

이 새끼는
눈앞에 서 있는 새끼라서
당장 한 대 줘 터질 수 있는 새끼라서 좋다

맞아도 좋으니 지금은 이 새끼에게 젖을 달라

조상 젖을 빨아 본 적 없어 세상 젖이라도 빨겠다는데 주는 놈이 없다 그러니 맞아 터져도 좋다 빨게만 해 다오

젖 좀 달라면 대뜸 나오는 말이 이 새끼가! 였다

맞다
이 새끼

굶어 죽는 새끼보다 맞아 죽는 새끼가 낫고 맞아 죽는 새끼보다 얻어 처먹는 새끼가 낫다고 목 놓아 외치는 이 새끼

아직 젖 같은 세상을 다 빨아 보지 못한

이 새끼
이돈형 맞다
─「이돈형」전문

이 시는 시인의 실제 이름을 제목으로 취한 특이한 사례이다. 언어로 그린 자화상이라고도 할 수 있는 이 시는, 시인 자신에 관한 편견을 바로 잡고자 하는 의지가 직핍하게 다가온다. 부조리한 세상과 어떠한 불화도 감내하면서 진실한 삶의 시를 쓰고자 하는 시인의 열망이 반영된 것이다. 흥미로운 것은 자신을 "이 새끼"라고 규정하고 있다는 점이다. 시의 첫 구절을 "나는 사람 새끼다"라고 시작하여 "이 새끼/ 이돈형 맞다"라고 마무리하고 있다. 시인은 자신을 "새끼"라고 규정하고 있는데, 이 말이 지닌 함의는 이중적이다. 즉 욕설로서의 "새끼"와 새 생명으로서의 "새끼"라는 두 가지 의미가 겹쳐 있다. 전자는 세상 사람들이 간직하고 있는 폭력과 편견이고, 후자는 시인이 고집스럽게 견지하고자 하는 삶의 진실에 해당한다. 시인의 목표는 전자에 대한 비판과 저항을 통해 후자에 도달하고자 하는 것이다. 따라서 "새끼"는 거짓으로 가득 찬 세상과 싸우면서 진실을 추구하면서 살아가는 시인 자신의 초상이다.

시인은 "맞아도 좋으니 지금은 이 새끼에게 젖을 달라"고 한다. 이때 "젖"은 "새끼"를 세상에 존재하게 해 주는 생명의 원천이다. "새끼"의 "젖"을 향한 절규는, 거짓된 아비의 폭력으로 인한 고통과 희생을 감수하더라도 진실을 얻고자 하는 열망의 표현이다. "새끼"는 또한 기득권에 편승하면서 적당히 편안하게 세상을 살아가는 존재가 아니다. "조상의 젖을 빨아 본 적이 없"다는 것은 과거의 속화된 전통이나 기성세대에 빚을 지지 않았다는 증거이다. 그런데, "젖 좀 달라면 대뜸 나오는 말이 이 새끼가! 였다"라는 시구에는, 진실을 요구하는 시인에게 주어지는 세상의 냉대와 폭력이 함의되어 있다. 하지만 시인은 그마저도 기꺼이 수용한다. "맞다 이 새끼"라고 하면서 세상의 어떠한 비난 속에서도 자신의 진실과 자존을 굳건히 지키겠다고 다짐한다. 진실을 위해서라면 고루하고 거짓된 세상의 욕을 "얻어 처먹는 새끼가 낫다"라는 시적 역설에 도달한 것이다.

2. 나는 고독하다, 고로 존재한다

세상의 편견에 맞서서 진실을 찾아가는 "나", 즉 "이돈형"이 시인으로 탄생하는 일차적인 방식은 고독 속에서 상실된 자아나 비루한 삶을 성찰하는 것이다. 그의 시에서 자아 상실의 핵심적인 원인 가운데 하나는 사랑의 결핍이다. 이때 사랑은 현실에서 이루어지는 소소하거나 잡스러운 사랑이 아니다. 그것은 세속적 가치와 윤리를 넘어서는 순수하고 절대적인 사랑이다. 이것은 그가 자주 사랑 노래를 부르지만, 그 노래에는 언제나 떠나간 사랑 혹은 결핍된 사랑이 등장하는 이유이다. 그런데 중요한 것은, 그가 세속의 상식적 사랑을 뛰어넘는 완전한 사랑에 대한 열망이 크다는 점이다. 이러한 특성은 그의 사랑 이야기가 항상 세상의 상식을 전복하거나 역설하는 모티브로 작용한다.

오늘의 날씨는 비

비로 먼 곳을 바라볼 수 없는 나는 한 사람에게로 떨어져 온종일 쏟아지는 것에 대해 어쩔 줄 몰라 하다가

그 사람에게
그 사람이 있는 먼 나라에게
그 먼 나라의 모든 안녕에게 두 손 번쩍 들고

몸 구석구석 퍼진 야윔만 데리고 나왔으니 부디 나무라지 마시길

거제입니다

7월의 거제는 보랏빛 수국이 한창이고 쏟아지는 것들은 여전히 내게서 달아날 기미를 보이지 않습니다

모퉁이를 돌다가 내게 들킨 수국이 당신을 닮아 나도 모르게 아, 하고 탄식했습니다만 수국은 눈 하나 깜짝하지 않습니다

> 혼자 감당할 수 있는 일은 하루가 짧고
> 혼자 그리워해야 할 사람은 남은 生으로도 모자라
>
> 걸었습니다 쏟아질 것들이 다 쏟아져 이 비에 쓸려간다 해도
> 먼 나라의 한 사람이 나를 굽어봐
> 보랏빛 애탐이 한창입니다
>
> 왜 하필이란 말에는 꼭 내가 들어 있을까요
> ―「혼자 놀아 미안한데 그래도 오늘은 내가 기억해 주길 바라는 한 사람을 그리워해야 하니까 이해 요망」 전문

　이 시는 "비"와 "수국"을 통해 사랑하는 사람에 대한 깊은 그리움과 이별의 슬픔을 표현하고 있다. "비"는 단순히 "오늘의 날씨"만을 의미하는 것을 넘어서 "나"가 겪는 슬픔과 눈물, 그리고 "먼 곳을 바라볼 수 없"게 하는 단절감을 상징한다. "비"가 하늘에서 떨어지는 것처럼, "나"가 "한 사람에게로 떨어"지게 하는 요인이라는 것이다. "비"는 이별의 상징으로서, "나"는 "비"에 갇혀 사랑하는 "한 사람"과 단절될 수밖에 없게 한다. "한 사람"은 대체 불가능한 유일성을 지닌 존재, 사랑하는 그 사람이 지금 있는 곳은 "먼 나라"이다. 그는 당장 만날 수 없는, 아니 영원히 만날 수 없는 존재이다. 시인은 그의 부재로 인한 허전함을 달래기 위해 "7월의 거제"로 떠나온 것이다. 그곳에는 마침 "당신을 닮"은 "보랏빛 수국"이 피어 있어서 "나도 모르게 아, 하고 탄식했"다고 한다. 그런데 "수국은 눈 하나 깜짝하지 않"았다고 한다. 이것은 사랑

이 지닌 비극적 운명이다. 언제나 "먼 나라"에만 존재하는 진정한 사랑은 "나"를 외면하고, 그러면 그럴수록 그리움에 지친 "나"는 몸과 마음의 "야윔"과 "애탐"만 키운다.

그런데, 시인은 결구 부분에서 "왜 하필이란 말에는 꼭 내가 들어 있을까요"라고 묻는다. "야윔"과 "애탐"으로만 존재하는, 그래서 그 진정한 실체는 부재하는 "한 사람"에 대한 그리움이 피할 수 없는 운명임을 자각한다. 운명이란 현실의 논리를 넘어선 초인간적이고 초현실적인 인간의 처지와 관련된다. 따라서 이 시에서 "나"의 그리움은 유한적 존재로서의 인간을 초월한 어떤 절대적인 사랑에 대한 열망에 속한다. "나"는 그 사랑을 위해 그 순수한 그리움을 위해 "비"가 "쏟아지는" 장소인 "거제"로 온 것이다. 이 자발적 고독의 공간에서 "나"는 "수국"을 닮은 단 "한 사람"을 생생하게 떠올리면서 자신의 한계를 절감하고 있다. 따라서 이 시의 "나"는 불완전한 사랑의 경험 속에서 완전한 사랑을 꿈꾸는 운명의 주인공 혹은 낭만적 아이러니의 주인공이라 할 수 있다.

"나"의 고독은 진정한 사랑의 결핍과 함께 타인과의 단절감으로 인해 발생하기도 한다. 사실 현대인의 단절감 문제는 어제오늘의 일은 아니다. 과학 문명과 물질 사회가 고도화될수록 인간은 스스로 고립감 속에서 살아가고 있다. 그 원인을 타인에게서 찾을 때는 세태 비판이 되지만, "나" 자신에게서 찾을 때는 삶에 대한 성찰과 반성이 된다. 이돈형 시인은 주로 후자의 태도를 보인다.

비빔국수를 시켜 놓고

끼니때마다 비빔국수를 먹을 수 있다면 행복이겠다 싶다가
나는 왜 이 비빔국수가 좋을까 자문하다가

비빔이라는 말에서
섞임에 백기 든 사람처럼 잠깐 헝클어지다가

갓 나온 비빔국수를 젓가락으로 뒤섞는다 설기 썬 상추와
채 썬 오이 위에 앙증맞게 얹힌 한 알의 메추리알까지

흰 면을 슬몃슬몃 내주고 무서움도 매서움도 아닌 달고 맵고
신맛이 어우러진 양념에 설핏설핏 물드는 면발

면면을 들여다보지 않아도
아낌없어

송골송골 땀방울 꽤나 맺히게 하려는지 얼맵게 뒤섞여지면
젓가락 끝부터 혀에 갖다 대게 된다

살과 살을 비벼도 타들지 못하고 사람에게 맨 마음 비벼 봐
도 비벼지지 않을 때가 많아

비빔국수를 한 젓가락 휘휘 감아 돌리는 동안
면들이 부러워 죽겠다
―「비빔국수」 전문

이 시는 "비빔국수"라는 일상적인 음식을 소재로 한다. 물론 이 시의 목적은 음식 자체의 맛이나 모습을 묘사하는 데 있지 않다. "비빔국수"를 매개로 현대인이 겪는 소통의 부재와 그로 인한 근원적 고독을 드러내고자 한다. 시의 전반부는 "비빔국수"에 대한 예찬과 "섞임"의 과정에 대한 감각적인 묘사에 집중한다. 시인은 "끼니때마다 비빔국수를 먹을 수 있다면 행복이겠다"라고 하면서 그 매력의 근원을 "비빔"과 "섞임"에서 찾는다. "비빔국수"의 "면발"을 보면서 "달고 맵고 신맛이 어우러진 양념에 설핏설핏 물드는" 모습에 감탄하고 있다. "흰 면"이 자신의 정체성을 잃지 않으면서도, 각종의 재료들—"상추", "오이", "메추리알", "양념"—과 어우러지는 모습에 매력을 느낀 것이다. 그 매력은 "면면을 들여다보지 않아도/ 아낌없어" 신뢰할 만할 정도로 인상적이다.

 이 시는 물론 음식으로서의 "비빔국수" 자체를 초점으로 한 것은 아니다. 이 시의 핵심은 "살과 살을 비벼도 타들지 못하고 사람에게 맨 마음 비벼 봐도 비벼지지 않을 때가 많아"라는 부분이다. 이 구절은 요즈음 세상에서 벌어지는 인간관계의 단절감을 문제 삼고 있다. "비빔국수"는 다양한 재료들이 쉽게 섞여 조화를 이루지만, 인간들은 저 잘난 맛에 다른 사람과의 관계를 소홀히 한다고 보는 것이다. 실제로 "나"를 포함한 현대인은 대부분 "살과 살을 비"비는 육체적 접촉은 있으나, 마음과 마음은 서로 하나가 되지 못하고("타들지 못하고") 살아간다. 진솔한 "맨 마음"으로 다가가면서 소통을 시도해 봐도("비벼 봐도") 어우러지기가 여간 어렵지 않다. 그래서 타인과 섞이지 못하는 "나"는 깊은 단절감과 부러움을 느낀다 "비빔국수를 한 첫가락 휘휘 감아 돌리는 동안/ 면들이 부러워 죽겠다"라고 말하는 이유이다. 이 시는 가장 일상적인 소재인 음식을 통해 심오한 인간 문제를 탐구하는 솜씨가 마뜩하다. 시상의 결은 다르지만, 생활 공동체의 "고담하고 소박한" 전통을 노래한 백석의 「국수」라는 시를 떠올리게 한다.

고독한 존재로서 "나"는 다른 시편에서도 자주 나타난다. 가령 "창문으로 들어온 바람이 3일 내내 병실의 안색을 살피며 돌아다니는 동안// 나는 혼자 아팠다"(「3인실」 부분)라고 고백한다. "병실" 생활을 하면서 삶의 고독을 체감한다. "한 사나흘 아파보니 사람 안에 사람 없이 지낸다는 게 얼마나 모진 일인가를 알겠다"(「일 없다」 부분)라는 부분도 마찬가지다. 이러한 고독의 원인은, "도망치듯/ 찢겨지듯 사람이 밀려난다"(「바람이 불어서 흔들린 것이 아니라 너를 보내고 돌아와」 부분)에 드러나듯이, "너"의 부재로 인한 것이다. 또한 "나"가 느끼는 자아 상실감도 고독의 원인이다. 가령 "나는 뿔뿔이 흩어졌다(「이 세계에 발을 들여놓고 영원을 새끼 치는 동물인 양 영원히 뿜어져 나오는 울음을 가진 동물인 양 다 내게로 오라, 내게로 오라 너희의 울음까지 모두 울어줄 테니 다 내게로 오라, 두 팔 벌리고 막 태어난 신의 새카만 새끼 흉내를 내다 일어서는 내 멸망의 그림자에 밟힌 순간부터」 전문)라고 말할 때의 "나"가 그렇다. "나"는 "내 멸망의 그림자에 밟힌 순간부터" 자아를 상실하고 말았던 셈이다. 이때 "나"에서 비롯된 고독은 "너"의 부재와 맞물리면서 더 깊어질 수밖에 없다.

3. 어리연꽃이 피어 있는 헤테로토피아

"나"는 고독과 단절의 원인인 사랑의 결핍, 타자와의 단절, 자아 상실 등을 극복하기 위해 자아의 근원을 탐색한다. "나"의 기원을 탐구하면서 자신의 정체성을 회복하고자 노력하는 것이다. "나"가 자신의 기원을 찾아보기 위해 우선 관심을 보이는 것은 태어나기 이전에 꾸는 꿈인 태몽이다. 태몽은 전통적으로 혈연적 계보와 운명, 성격 등 한 개인의 삶이라는 전체 서사의 복선 구실을 한다. 태몽에 등장하는 상징물이나 그와 관련된 서사는 그 주인공이 겪게 될 삶의 역정과 운명을 함축적으로 예시해 준다. 그래서 태몽의 상징과 서사는 그 주인공이 자기의 삶에 대한 정체성과 자긍심을 부여하는 장치가 된다.

  내 태몽은 캄캄한 동굴 속에서 한 송이 어리연꽃을 안은 거라 했습니다

  당신은 그렇게 날 낳으시고
  당신은 그렇게 날 낚기시어

  빗방울 떨어지고
  두 손 그러모으며 떨어지는 것만 보고 있습니다

  반쯤 진 하루가 떨어지고 별안간이 떨어지고 당신은 그리움을 떨어뜨리고 있어 나는 빗방울만 들여다봅니다

어린 날 울다 잠들듯 잠에서 막 깬 빗방울이 잠깐의 꿈을 털어낸 눈으로 나를 바라보고 있습니다

어둠을 입으로 후후 불어내며 당신이 나를 바라보듯

나는 온 그리움을 태워 낸 흰 빛깔로 첨벙첨벙 수면 위를 건너기 시작합니다

눈물겨운 일들은 어떻게든 끝을 보고 만다는 것을 실감하며 내가 아직 어려서 눈물 떨구어도 당신은 분명 나를 안을 겁니다

그게 내 태몽이었으니까요
나의 태몽은 나무랄 데가 없으니까요
― 「나의 태몽은 나무랄 데가 없으니까요」 전문

  이 시에 등장하는 "태몽"을 누가 꾸었는지는 나타나지 않지만, 문맥상으로는 "당신" 즉 어머니가 꾼 것으로 보인다. "나"는 자신의 "태몽"이 "캄캄한 동굴 속에서 한 송이 어리연꽃을 안은 거"였다고 말한다. "나"의 "태몽" 즉 존재의 연원은 "캄캄한" 카오스의 상태에서 나타난 "어리연꽃"같이 순수하고 청초한 생명이었다고 한다. "당신은 그렇게 날 낳으시고/ 당신은 그렇게 날 남기시어" 비로소 "나"가 존재하게 되었다는 것이다. 이때 떨어지는 "빗방울"은 새 생명의 시작과

출발을 의미하고, "당신"은 "나"를 이 땅에 존재 근거는 생명의 근원인 어머니이다. "당신"이 "그리움을 떨어뜨리고", "어둠을 입으로 후후 불어내"는 것은 "나"를 향한 이타적인 모성애의 표현이다. 또한 "빗방울"이 "꿈을 털어낸 눈"으로 "나"를 바라보는 것도 순수한 자연과 "나"의 동질성을 표현한다. 이때 "나는 온 그리움을 태워 낸 흰 빛깔로 첨벙첨벙 수면 위를 건너기 시작"했다고 노래한다. 태몽 속에서 "나"는 새 생명의 주인공으로 등장했다는 것이다.

주목할 것은 "나"의 태몽이 "그리움을 태워 낸 흰 빛깔"이라는 것이다. 꽃이 "흰 빛깔"이라는 것은 "나"가 "어머니"의 소망 혹은 사랑으로 이루어진 순수한 생명력을 간직하고 태어났다는 것을 의미한다. "내가 아직 어려서 눈물 떨구어도 당신은 분명 나를 안을 거"라는 확신도, "나"라는 새 생명의 잉태가 어머니의 무한한 포용력으로 이루어졌다는 점을 강조해 준다. 이처럼 순수한 자연의 원리에 따라 새 생명을 향한 어머니의 근원적 그리움과 이타적 모성애로 이루어진 "나"의 기원은 흠잡을 데가 없다. 이것이 바로 시의 결구에서 "나의 태몽은 나무랄 데가 없"다고 말할 수 있는 이유이다. 이 말은 "나" 자기의 삶에 대한 자긍심의 발로인 동시에 모든 생명의 기원은 무결점의 순수 속에서 가능하다는 깨달음의 표현이다. 물론 태몽 이후의 삶은 전적으로 "나"의 몫일 테지만, 이 깨달음으로 "나"는 자신의 기원에 대한 자긍심을 갖게 되면서 고독과 슬픔으로 얼룩진 자신의 삶을 긍정하고 극복할 수 있게 된다.

고독의 고통을 넘어서기 위해 "나"는 이제 치유의 장소를 찾아 나선다. 현실의 상처를 치유하기 위해서는 일상과는 거리가 있는 장소가 필요한데, 프랑스 철학자 푸코M. Foucault는 이러한 장소를 헤테로토피아heterotopia라고 말했다. 헤테로토피아는 사회 질서 밖의 현실 공간으로서 일상적 삶에 대한 심미적, 사회적 차원에서 비판, 성찰을 유인하는 곳이다. 아래의 시에 등장하는 "삼탄역"은 "나"에게 헤테로토피아의 일종이다. 그곳은 시의 공간적 배경을 넘어 현실을 성찰하고 비판하면서 대안적 삶의 가능성을 모색하는 장소이다.

충주에 가면 애기 손만한 삼탄역이 있다

마음의 바깥이 그리워지는 날 있으면 삼탄역에 가보시라 털레털레 빈손을 흔들며 삼탄역에 가보시라

몰려왔다 몰려가는 것들이 없으니 옆으로 흐르는 물소리를 들어가며 새소리에 옮겨 다니는 나무그림자를 봐가며

가보시라

말 못할 말이 있거든 슬금슬금 흘려가며 망할 것이 있거든 슬금슬금 버려가며 사람의 뒤편이 일거든 그건 슬금슬금 주워가며

도착하면

사람이나 기차는 기다리시지 마시라

　　역 앞에 놓인 간이의자에 앉아 햇빛에 글이나 써보시라

　　노란 우체통은 빠른우편이니 천등산 도깨비에게 보낼 글을 써보시고 빨간 우체통은 느린 우편이니 받으면 눈물부터 흘릴 사람에게 써보시라

　　무얼 먼저 부쳐야 할지는 그대의 선택이니 나에게 물어보지 마시라

　　나는 여기서 도깨비랑 며칠 더 놀다 갈 테니
　　─「삼탄역」 전문

　이 시에서 "삼탄역"은 일상적 삶의 번잡스러움에서 벗어나 자신을 되돌아보는 치유의 공간이다. "애기 손만한" 작고 소박한 역, "몰려왔다 몰려가는 것들이 없"는 고요한 역, 그곳은 외부의 시끄러움이 없어서 내면의 소리에 귀 기울일 수 있는 탈속의 장소이다. "마음의 바깥이 그리워지는 날"은 마음의 안이 심란하고 각박한 날을 의미할 터, 그런 날에 "삼탄역에 가보시라"는 것은 그곳이 마음의 평화를 얻기 좋은 장소이기 때문이다. 그곳에 가서 "슬금슬금" "말 못할 말"은 "흘려가며", 버릴 것은 "버려가며", 얻을 것은 "주워가며" 지내라고 한다. 이 권유는 타인을 향한 것인 동시에 "나"를 위한 것이다. 이때 "슬금슬금"이라는 말의 반복은 무슨 일이든

호들갑을 떨지 말고 자연스럽고 조용하게 하라는 의미이다. "사람이나 기차는 기다리시지 마시라"는 것도, 사람에 대한 집착이나 기대를 접고 유유자적하라는 뜻이다. 이 권유는 "삼탄역"에서는 세속적인 습속을 벗어나라는 것이다. 그 대신에, "간이의자에 앉아 햇빛에 글이나 써보시라"고 하는 것은, 진지한 글쓰기와 소통을 통해 성찰과 치유를 모색하라는 의미이다.

    시의 후반부에 등장하는 "노란 우체통"과 "빨간 우체통"은 타인과 소통을 상징한다. "노란 우체통"은 현실의 규범에 얽매이지 않는 자유로운 존재인 "천등산 도깨비"에게, "빨간 우체통"은 슬픔의 존재인 "받으면 눈물부터 흘릴 사람"에게 보내는 편지를 넣는 곳이다. 이 "우체통"들은 "삼탄역"이 현실에서 자유로운 장소이자 마음의 정화를 이루는 장소라는 점을 암시해 준다. 어느 곳에 먼저 편지를 넣을지는 "그대의 선택"에 달려있다는 것은 "삼탄역"이 주체적 자아를 회복하는 장소라는 의미이다. 이는 "삼탄역"의 아주 중요한 역할이다. 마지막 시구에서 "나는 여기서 도깨비랑 며칠 더 놀다 갈" 것이라는 것은, "나" 역시 "그대"처럼 자유롭고 정화된 내면을 지닌 주체로 머물고 싶다는 소망의 표현이다. 따라서 "삼탄역"은 "나"를 포함하는 세상 사람들에게 사회적 규범, 삶의 상처, 현실의 짐을 잠시 내려놓을 수 있는 위로와 치유의 장소이다. 다시 말해 "삼탄역"은 실제 현실에 존재하지만, 일상과는 이질적이거나 반대되는 장소로서의 헤테로토피아이다.

4. 강 같은 슬픔과 한 몸으로 살고지고

"나"의 도드라진 감정 가운데 하나는 슬픔이다. 삶의 슬픔은 보통 부정적인 감정으로 간주되는 것이 일반적이다. 하지만, 이돈형의 시에서는 다르다. 슬픔은 단순한 고통을 넘어, 삶의 근본적 의미와 마주하게 하는 감정이다. 슬픔은 또한 윤리적 자기 성찰을 촉진하면서 타자와의 공존, 배려의 마음을 북돋아 준다. "나"는 슬픔을 경험하면서 타인의 고통을 포용하는 마음이 생기면서 도덕적 성숙과 연대의 가능성을 높이는 계기로 삼는다.

  손톱만 한 슬픔을 앉혀놓고 바르게 살자 타이르는데 해맑게 웃는다

  떠들어봐야 제 입만 아플 거라는 듯 슬픔이 방바닥에 *슬픔은 혼자 자라지 않습니다* 라고 써놓고 빤히 올려다봐

  웃어줄까 울어줄까

  주위를 둘러봐도 혼자인 것은 없고 어쩌다 혼자라고 우기는 것은 거짓말처럼 제 몸에 무료만 칭칭 감고 있어

  시도 때도 없이 업어 키운 슬픔이 우리의 만남은 우연이 아니라는 듯 눈 흘기는 저 능청에

나는 배알 없고
인정머리 없는 사람이 되어 슬픔 없는 곳을 찾다가

이 악물고 온 이 삶이 슬픔 없었으면 김빠진 사이다나 앙꼬 없는 찐빵처럼 밍밍했을 것 같아

내게 강 같은 슬픔에게 손가락 걸며

오늘부터 일심동체!
―「내게 강 같은 슬픔」 전문

 이 시는 "슬픔"을 거부할 대상이 아니라 함께 살아가야 할 존재로 재인식하면서 그 역설적 가치를 노래한다. 그 출발은 "슬픔"을 "손톱만 한" 작고 귀여운 존재로 의인화하는 데서 이루어진다. 거대하고 압도적인 감정으로 여겨지는 "슬픔"을 작고 귀여운 대상으로 축소하는 것이다. 또한, "나"는 이 작은 "슬픔"에게 "바르게 살자"고 타이르지만, "슬픔"은 오히려 "해맑게 웃"으며 "나"보다 더 깊은 통찰적 인식에 이른다. 즉 "슬픔은 혼자 자라지 않습니다"라고 강변하면서 "주위를 둘러봐도 혼자인 것은 없"다는 사실을 간파한다. 사실 "슬픔"은 사람과의 깊은 공감과 연대를 위한 소중한 매개 역할을 한다. "슬픔"을 함께 나눈 사람은 그런 기회를 갖지 못한 사람보다 더 깊은 관계로 나아가기 마련이다. "나"가 오히려 "슬픔"에게 삶의 지혜를 얻는 이러한 의인적, 역설적 관계의 설정은 이 시 전체를 이끌어가는 핵심소이다.

시의 뒷부분에서, "나"는 "슬픔"의 능청스러움에 못 이겨 "슬픔 없는 곳"을 찾아 떠나가려 한다. 그러나, 이것은 일시적인 감정일 뿐이다. "나"는 생각을 바꾸어 "슬픔"의 소중한 가치를 새롭게 인식한다. "이 악물고 온 이 삶이 슬픔 없었으면 김빠진 사이다나 앙꼬 없는 찐빵처럼 밍밍했을 것 같아"라고 한다. 마지막 시구에서는 "내게 강 같은 슬픔"이라고 하면서 "슬픔"이 "강"물과 같이 생명력을 불어넣는다고 한다. 미국의 흑인영가 「내게 강 같은 평화」를 떠올리게 하는 이 구절은, "슬픔"이 평화만큼이나 삶을 충만하게 만드는 근원적인 힘이 될 수 있다고 보는 것이다. 그래서 "나"는 "슬픔"과 "일심동체"로 살겠다고 다짐한다. 사실 그렇다. 불완전한 삶을 살아가는 인간은 누구나 슬픔을 안고 살아간다. 중요한 것은 그 "슬픔"을 어떻게 수용하고 극복해 가느냐의 문제이다. "슬픔"이 있어야 기쁨도 선명해지고, 자아의 깊은 곳에 도달할 수 있다. "나"는 이러한 "슬픔"이 도피의 대상이 아니라 그것을 통해 삶의 의미를 완성한다는 역설적 진리를 깨달은 것이다.

"나"는 또한 삶의 슬픔을 극복하기 위해 비움의 지혜를 생각한다. 비움은 기존의 자기 정체성, 사회적 역할, 외부로 향하던 욕망과 집착을 버리고 본래의 자아로 돌아가는 과정이다. 노자가 『도덕경』 48장에서 진정한 도道는 날마다 비워내는 것爲道日損이라고 말했듯이, 비움은 정신적으로 높은 삶을 살아내기 위한 중요한 조건이다. 비움은 새로운 것을 채우기 위한 조건이자 모든 창조의 바탕이다. 이 시집에 등장하는 "나"는 이러한 비움의 과정을 통해 자기 자신을 깊이 인식하고 자유롭고 새로운 자아로 다시 태어난다.

    숨소리가 들려

    한바탕 쏟아져 아무것도 없는 가을의 무심 아래 숨소리가 들려

    한 사람이 흘리고 간 가을을 찾아 *가을아, 가을아* 불러보다가 내가 다녀온 가을과 내게 남아있는 가을을 꼽아보다가 어리석은 일 같아 거둬들인다

    온 적 없으니 간 적 없다는 가을의 말에 무릎 탁 치며 잠시 왔다 가는 게 나라서 올려다 본 하늘이 더 파래져

    가을 심장 정중앙에 천국에는 없는 몇 개의 기도를 올려놓고 멀찍이 떨어져 죽음보다 더 캄캄한 사랑이나 해볼까 싶어지는데

    아침부터 쓸쓸해 죽겠어, 쓸쓸해 죽겠어를 흥얼거리다가 한 번도 해본 적 없는 쓸쓸해와 뜨거운 정사를 나누겠다고

    그리워질 것들을 모조리 버리고 있다

    나를 낳은 나와 내가 낳은 나와
    이 죽일 놈의 나를

— 「가을은 당부가 비어있는 곳을 찾아 군데군데 사람을 흘리고 나는 지상의 한 귀퉁이에서 여기가 쓸쓸함의 천국이라고 박수를 쳐대며 오늘의 내가 어제의 나를 쓸어버리는데」 전문

이 시의 "나"는 "가을"을 배경으로 인생의 쓸쓸함을 느끼면서 비움의 역설적 의미를 깨닫는다. 첫 행에서 "한바탕 쏟아져 아무것도 없는 가을의 무심 아래 숨소리가 들려"라는 표현은, 모든 것이 떨어져 내리는 조락의 계절에도 생명과 사랑의 "숨소리"는 살아있다는 뜻이다. "한 사람이 흘리고 간 가을"은 어디론가 떠나간 사랑의 공허한 흔적이다. "한 사람"을 부르듯 "가을아" 하고 불러보다가 그것이 부질없는 일이라는 점을 생각한다. "온 적이 없으니 간 적이 없다는 가을의 말"은 사랑과 이별이 결국은 모두 "나"에 달려있다는 깨달음을 얻은 것이다. 사실 "한 사람"이 떠나갔다는 것도 생각해 보면 그와 "나"와의 상대적인 사건이니, 결국 "나"로부터 일어난 일이다. 이 사랑의 서사에서 이별의 주인공은 "한 사람"이라는 타인이 아니라 결국 "나"("왔다 가는 게 나")인 것이다.

모두가 "나"의 낯이라는 사랑과 이별에 대한 인식은 "죽음보다 더 캄캄한 사랑"을 소망하는 계기가 된다. 그러나 그것은 사랑의 결핍을 보상받고 싶은 소망일 뿐, 현실은 "한 사람"이 떠나간 뒤에 찾아온 "쓸쓸해"라는 정서가 지배한다. 중요한 것은 "나"가 "한 번도 해본 적이 없는 쓸쓸해와 뜨거운 정사를 나누겠다"라는 마음이다. 자발적인 고독 속에서 모든 욕망을 떨쳐버리겠다는 것이다. "그리워질 것들을 모조

리 버리고 있다"라는 것도 사랑의 욕망과 미련을 비움으로써 자기 존재의 실감을 느끼려는 의지의 표현이다. 과거의 "나"를 버림으로써 오늘의 새로운 "나"를 발견하는 것인데, 시의 제목에서처럼 "어제의 나가 오늘의 나를 쓸어버리"는 과정을 통해 자기 갱신에 도달한 셈이다. "나를 낳은 나와 내가 낳은 나와 이 죽일 놈의 나를" 자아 분열, 자기혐오를 벗어나 진정한 자기애로 나가는 것이다. 이때 "나"에게는 다시 순수하고 아름다운 "어리연꽃" 시절로 돌아갈 가능성이 활짝 열린다.

5. 그래서 나는 '꼴통'이다

그렇다, "나"는 현실적 자아에 관한 깊은 탐구와 성찰을 통해 진실하고 새로운 내 안의 "나"를 찾기 위한 여정의 주인공이다. "나"는 누구인가를 묻는 일은 시가 추구해야 할 가장 근본적인 문제의식이라고 할 수 있다. 시는 가장 주관적 문학 양식으로서 자기 정체성을 직핍하게 탐구하는 데 매우 유용한 언어 예술이기 때문이다. 이 시집에서 자아를 탐구하고 성찰하는 방법으로는 역설적 인식이 빈도 높게 활용되고 있다. "나"는 자신의 삶을 고독, 슬픔, 소외, 단절 등으로 인식하지만, 그것은 인간의 본질을 깨달아서 자유롭고 새로운 "나"를 탄생시키기 위한 일이다. 이 역설적 인식은 가식적인 "나"를 넘어서 진실한 "나"로 나아가는 통로를 제공한다. 우리는 이러한 인식의 과정을 이미 「이돈형」이라는 시에서 보았거니와, 아래의 시는 그와 비슷하면서도 조금 다른 모습을 보여준다. 역설을 통해 세상의 편견에 맞서 진실을 찾으려는 성향은 비슷하지만, "나"의 존재 의미보다는 삶의 실천 행위에 초점이 맞추어져 있다는 점에서 다르다.

> 아버지는 어린 나를 늘 꼴통, 꼴통 하고 불렀다
>
> …(중략)…
>
> 덕분에 나는 죽여줬고 죽여줌에 죽여줌을 더하다 끝내는 나를 죽이게 되었으니 진짜 꼴통이 되었으니
>
> 꼴통만큼 진정성 있는 말이 어디 있을까
>
> 한다면 하는
> 하겠다면 하는
> 하지 말래도 기어코 하는
>
> 오늘도 나는 혼자 히죽히죽 웃으며 보란 듯이 꼴통짓에 몰두하고 있다
>
> 참 좋은 말이다
> 꼴통,
> ―「꼴통」 전문

이 시의 첫 문장에서 시인은 "아버지는 어린 나를 늘 꼴통"이라고 호명했다고 고백한다. "아버지"로 상징되는 현실의 논리에서 "꼴통"은 머리가 나쁘고 생각이 얕은 사람 혹은 고집이 세고 말이 통하지 않는 사람을 뜻한다. 그러나 "나"의 생각은 그러한 의미를 넘어선다. "나"는 "아버지" 혹은 세상의 편견을 정면으로 돌파하려는 강렬한 의지를 지닌 사람이다. 그래서 "나"는 "꼴통"을 "한다면 하는/ 하겠다면 하는/ 하지 말래도 기어코 하는" 사람이라고 재정의한다. "나"에 의해 다시 정의된 "꼴통"은 의지가 강하고 실행력이 뛰어난 사람이라는 긍정적 의미를 획득한다. 현실의 용법으로는 천한 말이었던 "꼴통"이, 이제는 "참 좋은 말"로 다시 태어난 것이다. 이 의미의 반전을 통해 "나"는 자기에게 주어진 세상의 편견을 물리치고 새로운 자아를 탄생시킨다. 시인의 임무 가운데 하나인 창의적 언어를 통해 새로운 존재 가치를 창출하는 일을 실천하고 있는 셈이다. 이것이 바로 "오늘도 나는 혼자 히죽히죽 웃으며 보란 듯이 꼴통짓에 몰두하고 있"는 이유이다.

내 안의 진실한 "나"를 찾는 일은 관습에 얽매인 현실의 자아를 과감하게 버리지 않으면 안 된다. "끝내는 나를 죽이게 되었으니 진짜 꼴통이 되었으니"라는 시구는 그러한 사정을 반영한다. 내가 "나를 죽이는" 일은 갑각류의 탈피 과정과 유사하다. 탈피는 기존의 낡은 껍질을 버림으로써 새로운 몸으로 재탄생하는 과정이다. 이와 마찬가지로 "나를 죽이는" 일은 낡은 "나"를 버리고 새로운 "나"로 다시 태어나기 위한 것이다. 시인에게 "나"는 곧 언어와 동일시된다. 이때

"나"는 낡은 언어를 갱신하여 자아를 갱신하고, 자아를 갱신하여 세계를 갱신하는 창조자의 반열에 오른다. "꼴통" 혹은 "새끼"라는 역설적 자기 명명, 이것은 거짓을 죽여야 진실이 살아나는, 낡은 언어를 죽여야 새로운 시가 태어나는 묘법이다. 이 묘법은, 이 글의 제사題詞에서 보았듯이 "광활한 우주" 혹은 온 세상과 한 몸이 되어 자유로운 상상을 실천하는 "내가 있어"서 가능한 일이다. 그래서 "나" 이돈형은 "참 좋은, 꼴통 새끼"가 맞다.

이돈형 시집

나의 태몽은 나무랄 데가 없으니까요

발　　행	2025년 11월 27일
지 은 이	이돈형
펴 낸 이	반송림
편집디자인	반송림
펴 낸 곳	도서출판 지혜, 계간시전문지 애지
기획위원	반경환
주　　소	34624 대전광역시 동구 태전로 57, 2층 도서출판 지혜
전　　화	042-625-1140
팩　　스	042-627-1140
이 메 일	eji@ji-hye.com
	ejisarang@hanmail.net
애지카페	cafe.daum.net/ejiliterature

ISBN　　　979-11-5728-598-3　　03810
값　　　　12,000원

이 책의 판권은 지은이와 도서출판 지혜에 있습니다.
양측의 서면 동의 없는 무단전재 및 복제를 금합니다.

후원: (재) 대전문화재단

* 이 사업은 대전광역시, (재)대전문화재단에서 사업비 일부를 지원 받았습니다.